TRIONFALANTE

a trindade original como fito,
do trio virginal amante

2002 AD

TRIONFALANTE

a trindade original como fito,
do trio virginal amante...

2002 AD

João Marcos Correia Moura

Título: Trionfalanate
Legenda: a trindade original como fito, do trio virginal amante... 2002 AD

Publicado através de IngramSpark.com
Fonte: Palatino
ISBN: 978-87-92980-88-5

Imagem da capa: Atlas Catalão 1375, Abraham Cresques & filho Jehuda

Ver detalhe da imagem no verso do livro

Género: Poesia

Erik Istrup Publishing
Jyllandsgade 16 st. th., 9610 Nørager, Danmark
www.erikistrup.dk/publishing/ • eip@erikistrup.dk

Prólogo

Para que possais atingir o estado de perfeição ou libertação
exposto por mim, deveis levar uma vida de desprendimento,
fazendo o que é apropriado em cada situação que vos aconteça.
Estai certo de que este é o ensinamento essencial
de todas as escrituras.

- Sri Vasistha

A libertação só é atingida através do
discernimento ou auto-conhecimento.
Deste modo, ultrapassa-se o sofrimento,
destrói-se a ignorância e atinge-se a perfeição.

- -Sri Vasistha

Quando curiosamente vos perguntarem buscando saber
o que é a verdade não deveis afirmar ou negar nada:
pois tanto o que quer que seja afirmado
como o que quer que seja negado,
não corresponde à verdade.(...)
Portanto, aos questionamentos, oferecei
apenas o silêncio e um dedo apontando o caminho.

- Buddha Siddhartha Gautama

Abandonai tanto o conceito de escravidão como de libertação,
e vivei uma vida iluminada neste mundo.
Não existe libertação no céu, nem na terra e nem no inferno;
libertação é apenas um sinónimo para mente pura,
auto-conhecimento ou iluminação.

- Sri Vasistha

Toda esta conversa sobre quem criou o mundo
e sobre como é que foi criado, possui o único propósito
de constituir escrituras e de as expor: não é baseada na verdade.

- Sri Vasistha

Capítulo I

Secção 1

1. Oh! Glória a vos, Senhor, que de todos os seres sois o poente;
   Motor, feito de alimento, alvor e amor resplandecente.
2. Oh! Glória a vos, Senhor, que sois conhecedor, conhecimento,
   Mais conhecido; causa, efeito e actor de todo o intento.
3. Oh! Glória a vos, Senhor, do céu e da terra a benção suprema;
   Magnanimamente, da alavanca amor sois a saprema.
4. Em tempos que já lá vão, Ramiro, um peregrino da morte,
   Suspirava ao vento, em bandas de cá, a sua sorte.
5. Desesperado, lança ao mundo, da sua vida, este mote,
   Esperando vindo do profundo, dos cinco versos, bote.

Secção 2

Ramiro:

1.

Oh, Medo! Que me manténs tão atado,
A mim me atacas, a mim me dominas.
Deixa os teus laços, que são do passado,
Longe desta alma que assassinas.

O receio é humano, tão vil,
Tal como uma espada luzidia,
Que penetra o homem por razões mil,
Mas desaparece perante o dia.

O medo é algo escuro, urdido
Por alma tão turva, tão perturbada,
Que por mordaz e pérfido é tido.

Contudo, numa tal iluminada,
Onde o medo vagueia perdido,
Reina a virtude, a luz encantada!

2.

A dor é esse Fogo que arde tanto,
Que pune quem pensa esta pobre vida
A nobre riqueza, o mundo sem pranto.
E larga, assim, depois, desprovida.

Porque é, o sofrimento inerente
Ao homem, hcujo corpo vai perder?
Por ignorância, por não ser crente,
Acredita que é o que parece ser.

A tristeza, a dor, o sofrimento,
São paramentos que se adquiriram,
Durante o caminho do salvamento.

Toda a cura provém donde partiram,
As águas, que p'ra vencer dão alento,
Tudo que, em má hora, dores urdiram!

3.

Este céu, nublado e tão cinzento,
Veredas tão graciosas encobre.
Porém, em dias de estio, sem vento,
Todo o encobrimento se descobre.

Mal vêem estes meus juvenis olhos,
Que a bela Primavera os tem cegado.
Cedo é, pois 'inda crescem os repolhos,
Mas, veloz corre o tempo passado.

É causa deste grande sofrimento,
Ter conhecimento da escuridão,
Quando contemplar é a grande vontade.

Eis, o sagrado dia do surgimento,
Da luz que alumia a imensidão.
Então, os meus olhos são liberdade...

4.

Toda a Obra Humana é ar ao vento,
Que por um sopro é concretizada.
E, com um sopro, ténue e lento
Se vê, repentinamente, em nada.

Todo o esforço e dedicação,
São humildemente oferecidos,
Pois, o produto, tal como o pão,
Pelos tão nobres céus são consentidos.

O que hoje parece o todo ser,
Sonho louco, muito pouco prudente,
É certo que amanhã se irá perder.

Humano, é maravilhosa mente.
É o reflexo do imenso poder,
Que o eleva transcendentemente!

5.

Alma que a vida na calma conduz,
Seu amor, em redor, tudo ilumina.
Pois ela caminha plena de luz,
Luz que na essência predomina.

Homem, riacho que corre, corre,
Tão agitado corre, p'ra seu mal.
Por agitado que corre, morre
Sem ter achado o mar, ou outro tal!

Quando nesta vida tão corrida
Paramos, a água deste lago,
Serena, porque não mais foi mexida,

Permite-nos ver, claramente, o mago:
A sabedoria nele contida,
Invade-nos, e passamos ao vago!

Secção 3

1. Ouvindo brados veros, acorreu Vigílio, o mago,
   Sabendo faltar a Ramiro verbo sincero e afago.

   Vigílio:

2. Enfim vejo em ti ânimo, vontade de a gnose achar
   Sendo esse, p'ra te veres magnânimo, o primeiro patamar.
3. Prossegue calmo, canta; pois assim segues no tal caminho;
   O que da planta leva à semente; do pinheiro ao pinho.
4. Desiste de ti, pára, para por Ti seres encontrado.
   Em desprendimento, O que És sem apara, é mostrado.
5. Rege a vida, à vontade, criando nela o mais sublime,
   Sabendo a verdade, ora bom, ora mau o que te anime.
6. Ser criador, expressa a tua colossal capacidade,
   Olvidando o que se te arremessa da realidade.

Capítulo II

Secção 1

1. Olhos sombrios mostram sofrimento, pois pensam bem ver,
Mas só porque não vale o entendimento, mas o ter.
2. Não há tempo nem 'spaço, na presença da simples verdade:
Só, de haver laço, a possível possibilidade.
3. Oportuno parece, por ora, relatar a história
Que Uriel transmitiu, tal qual uma prece, de memória.
4. Tal como tu, Ramiro, também Teófilo, o ungido,
Passou a tempestade pretendida: assim diz o papiro.
5. Para que este alcançasse a bonança por todos almejada,
O senhor da luz contou, sem classe, Heptíada, de enfiada.

Secção 2

Uriel:

Canto I

1. Harpas, cítaras, flautas, violinos!
   É chegado o momento desejado,
   P'ra celebrar em versos, nobres hinos,
   Tudo pelo fulgor divinizado.
   Ira, gula, entre sete viperinos,
   Ainda que ao serviço do malvado,
   Deste Ângelo, tão forte e tão seguro,
   Acataram virtude em ente puro.

2. Inefáveis façanhas corajosas,
   Nenhuma ao papel deve ser contada.
   Voz angélica! Frases cuidadosas
   Oferece tu, p'ra pena enlevada.
   Cada termo e ideias luminosas,
   Alegram a pintura consagrada,
   Onde os medos vagueiam esquecidos,
   Maltratados por teus membros temidos.

3. Da obra oferecida ao ser mortal,
Entregues são os frutos recolhidos.
Da força dada p'lo Celestial,
Índole e convicção advêm ungidos.
Cabe ao sujeito arbítrio final,
Ao qual pedidos são os bens cedidos.
Oh, Alma Universal! Cedo-te tudo.
Más, boas, obras tuas são, contudo.

4. Ora, o Ângelo era um trabalhador,
Marcado pelo tempo e pela vida.
Assim andava por rumo de ardor,
Nadando ao vento a alma tão perdida.
Ganhava intenso anseio, sem amor,
Em regiões mundanas, sem guarida.
Lá, o mundo era escuro e tão sombrio,
Onde devaneavam medo e frio.

5. Alaúde de estranha melodia,
Vagueavam, por quem, as notas loucas.
Indolente e indouto, ver podia,
De modo incerto, com verdades poucas.
Instigado, igual rumo prosseguia,
Aumentando as orelhas muito moucas.
Oh! Mas o mal não dura eternamente.
Muda o mundo p'ra sempre a sua mente!

6. Ajudado com fogo transformante,
Ganhou algo entendendo o Ser Alado?
Nada, senão ventura em mundo errante.
Imaculado em âmago purgado,
Assim por sua fé canonizante,
Guarnece-se de néctar sublimado.
Nativo do Irreal, do Mor Altar,
Indigno do mal, ora p'ra voltar.

7. Seguindo a sua nobre natureza,
Amando a harmonia divinal,
Migra assim desprovido em bela empresa,
Nada odiando em seu calmo mental.
Imbuído da mais nobre certeza,
Acalma, ouvindo o som original.
Segue, assim, consciente da Verdade,
Almejando, por isso, a Qualidade.

8. Sem parar continua o seu andar,
Até que avista longe, uma cidade.
Desceu o monte p'ra ir lá parar.
Humana gente, sem ter a Verdade,
Andava assim com pressa p'ra entrar
Na casa de existência, em verdade,
Algoz, fruindo de vã alegria,
Nada, se cotejado ao que podia.

9. Parado, via, o Ângelo sereno,
Ruas, vielas, com agitação,
Imaginando o ar calmo e ameno.
Todos correndo em grande turbilhão,
Hereges, ignorando o Saber Pleno,
Improfícuos murcham, sem perdão.
Vale, contudo, eterna Piedade,
Indelével, que cede a Asseidade.

10. Ante esta urbe decide algo buscar
Para se resguardar de duros climas.
Apercebendo uma tal intenção par,
Hábil e astuta, com muitas estimas,
A mãe do luxo, lançou, devagar
P'ra Ângelo rol de engodos e rimas:
- Amável senhor queira levar estes,
Hábitos luxuosos e outras vestes!

11. Tudo quanto aqui vedes sumptuoso,
É digno de senhor de nobres terras.
Jactante que vós sois e tão formoso,
Aqui encontrais artigos destas guerras.
Sabei que meu espírito bondoso,
Apraz-vos fatos vindos, lá das serras.
Vendo os encantos de ébria Luxúria,
Ergue-se Aniel a Ângelo, em lamúria:

12. - Vês estes panos com fios dourados,
Estes sapatos com laços de seda?
De nada servem aos iluminados,
Aqueles que prosseguem na Vereda.
Vês esta luz de tais raios sagrados,
Este caminho sobre rebo e meda?
Destes faz raro excelso a sua vida,
Alentando em si a luz da Guarida.

13. Varrendo os céus um vulto angelical,
Ângelo a sua vista lhe perdeu.
Instruído, saiu desse local,
Usando os trajes simples de plebeu.
Vagueou por caminhos para austral,
Assentou-se, era escuro como breu.
Indagou sua mente, concentrado,
Ungiu-a com o soro imareado.

14. A aurora despontava, leve e clara,
Calcava, Ângelo, já, lesto e bem certo,
A estepe fresca, com riso na cara.
Seguia, assim, com sol e céu aberto,
Hígido, resoluto, alma sem tara,
Ansiando por Sítio encoberto,
Onde pudesse, então lá, descansar,
Manar em infinito e sereno ar.

15. De passagem ligeira por mercado,
Havia mantas quentes, bem espessas.
Imaginando o tempo resfriado,
Adquiriu umas poucas mantas dessas,
Não fosse ele se tornar muito gelado,
'Inda que em dias de fracas oressas.
Obtidos os amparos necessários,
Migrou, continuando por calvários

16. Parando nos locais claros e amenos,
Arrastado por sua fé imensa,
Respirando muito ar e vigor plenos,
Adquirindo energia, a tal Imensa,
Mitigado per seus internos drenos,
Alheado da eterna recompensa,
Olhava o mundo com distintos olhos.
Maduro, vê tal mundo sem abrolhos.

17. Nascido em berço de anjo capital,
Entregue à atenção de grande vista,
Tratado pela guarda angelical,
Incumbido de célebre conquista,
Nada teme, nem mácula, nem mal.
Ele sabe que em local relativista,
Tudo é tão passageiro e transitório.
Integra-se, então, com seu adjutório.

Canto II

18. Trilhando o seu destino grandioso,
Amparado por seu guarda angelino,
Minguado ser nota, um ocioso,
Aleijado, um antigo cabotino,
Sem alimento e dele desejoso,
Sem vestes, parecia peregrino.
Ante esta personagem indigente,
Tacteia a sua vida deprimente:

19. Rara figura encontro finalmente,
Ao longo desta enorme caminhada.
Já o via lá bem longe, paciente,
Assim deitado, desde a alvorada.
Sinto que, pelo seu modo jazente,
Tácito, as suas mãos, pela calada,
Armaram tramas, grandes por sinal,
Tudo em favor do seu próprio mal.

20. Saiba que mal nenhum conspirei eu!
Adúltero ou burlão, eu não fui tal.
Toda esta minha vida do Leteu,
Toda esta malquerença divinal,
Vai exacerbar minha alma de ateu,
Arrebatada por fel colossal.
Onde vim eu parar, diga senhor?
Malévolo, para onde me vou pôr?

21. Bebi dessa água da melancolia,
Urdi ideias trágicas, perversas.
Doei o que já não me apetecia,
De tanta aplicação e moda inversas.
Havendo conhecido o que havia,
Imaginei mil coisas, mui diversas,
Onde me perdi, pois via o que vi,
Mas não via quem por Ele nasci.

22. De facto prosseguia depravado,
Hermético à eterna piedade,
Rindo do amigo que foi humilhado,
Irado contra todos, que asnidade.
Total era o negrume conspurcado,
Ímpio, que seguia esta unidade.
Optei, assim, por me deixar levar,
Mudo, p'ra aqui então me definhar.

23. Mais nada quero da realidade,
A que me trouxe dor e sofrimento.
Há muito tempo vejo minha idade,
A avançar, avançar sem nenhum tento.
Traz à mente a vastíssima saudade,
Marca de bom mas ténue momento.
Ângelo reconhece, então, Miguel,
Nadando ao ar que lhe diz sem babel:

24. - Vês este ser nimbado e amargurado,
Este ser abluído e abstruído?
Da tua ajuda está ele esfomeado,
Ajuda p'ra ver o Ser Instruído.
Vês o Verbo, em tua alma colocado,
Esse Verbo do mal destituído?
Dele faz uso p'ra se converter,
Alma em que a luz está a falecer.

25. Voando deixou seu fiel amigo,
Invocando o auxílio ao carnal.
Vendo pobre ente, ali triste consigo,
Ecoou expressões com Seu aval:
- Cada homem possui um celeste abrigo,
Ao qual cede valia marginal.
Onde estiver, contudo, ente qualquer
Mutável, o Imutável bem lhe quer.

26. Coberto pelas plumas confortantes,
Anela tudo o que vê e que sente,
Inconsciente dos agoniantes,
Vicissitudes da cruel semente,
A que quis com desejos incessantes,
Lá onde prevalece o imprudente.
Impaciente e muito insatisfeito,
Almeja novo objecto, assim, a eito.

27. Bebe da água que és Tu, inconsciente,
Habitando-Te, na calma e na paz,
Assim todos os dias, paciente.
Ganhas o Todo e o Nada em cabaz,
Alentando o teu Eu omnisciente.
Vai, segue teu caminho. És capaz!
Alevanta-te e vive em pleno acordo.
Dentro de ti reside o nobre Abordo!

Canto III

28. Tomando o normal e sublime rumo,
Apartando a lembrança do passado,
Mela a mente com nobre e real sumo,
Alegre por viver, bem animado,
Só com tempo presente no seu prumo,
Sem sobejos de antanho tão amado.
Adepto de existência pacífica,
Toma em seu coração, jóia magnífica.

29. Regozijava-se um senhor ilustre,
Ali, com camaradas cobiçosos.
Jactante e exaltando seu mor lustre,
Abacinado por bens grandiosos,
Simples bens transitórios, palustre
Tamanho que os crê esplendorosos.
Alastrado por bátega de embustes,
Túmido, anseia por enormes ustes.

30. Sentia a ascensão desse egoísmo,
Aquele que corrompe e danifica
Todo o ser que o pratica em ateísmo,
Todo o ser que jamais O aurifica.
Vida que praticou grã estoicismo,
Alega que o futuro glorifica,
Ontem, quem actuou, retendo em mente,
Magros frutos de acção mui adstringente.

31. Bom é oposto a óptimo, em verdade.
Um acto oferecido ao sacrifício,
Dentre todos, o mor em qualidade,
Dentre todos, o mor em santo ofício.
Havendo milhar de actos em bondade,
Inseridos no prato alimentício,
Onde o homem procura a alegria,
Muito bem lhe trará, não Calmaria.

32. Dito isto, continuava o senhor:
- Há já bastante tempo, bem distante,
Remei eu contra mares, sem temor.
Íngremes montes, pedra bem cortante,
Trepei e passei, tudo sem pudor,
Indo à procura de grã riqueza ante
Olhos maliciosos, cheios de ódio,
Mortos de inveja de me ver no pódio.

33. Mergulhado estou, por isso, na sorte.
Adquiri tal fortuna que só meus,
Há inúmeros campos, uma corte,
Alguns touros debaixo destes céus,
Também vacas, cavalos lá do norte,
Muitas jóias, tesouros, camafeus...
Assim dizia o célebre senhor.
Na Flor, diz Gabriel com esplendor:

34. - Vês esta ostentação, tão passageira,
Esta riqueza frívola, ilusória?
Dela não te provenha, nem ligeira
Agonia ou desejo, nem memória.
Vês esse lótus na tua alma inteira,
Esse lótus no ponto da grã glória?
Desse, reza a história agoureira,
A paz emana, guia em Trajectória.

35. Vagueando em seu leito o rio encolhe,
Indo, paulatino e sereno, em frente,
Visando a foz onde, enfim, mar o acolhe.
Estes seriam Ângelo: a corrente,
Cada vez maior e o leito com molhe.
Acatara mais gotas, sua mente,
O que o tornava rio muito forte,
Meandroso mas com belo recorte.

36. Cândido, deixou os dialogantes.
Apartando de si toda a inveja,
Idóneo com normas alumiantes.
Vala o castelo seu, pois bacoreja
Alguns perigos que seguem errantes,
Lá na floresta sem que ninguém veja,
Imersos na neblina que complica,
Agouro do que é doce ou que tem cica.

37. Bem. Tudo acaba bem quando se tem,
Hábito de andar sem se comandar.
Algures, em todo o lugar, sustem,
Grande Firmeza, nosso caminhar.
Aparente e fingida, às vezes, vem,
Vã ideia de estarmos a lutar,
Apenas nós, assim, contra o mortal,
Deveras incorrecta por Sinal.

Canto IV

38. Tamanha pertinácia levava,
Ângelo, bem consigo, sustentando,
Muito adverso tumulto e coisa brava,
Ainda assim, justiça conservando.
Singular, não retinha a alma escrava.
Simples, ungido, claro, perfil brando,
Algum dia, noite, em qualquer lugar
Tornaria ao Um para se deitar.

39. Regando uma flor, intensivamente,
Adusta ficará, sempre infrutífera,
Já que todo o excesso, realmente,
Age inverso à acção, a sua ignífera.
Serenidade e calma em boa mente,
Templo de paciência dulcífera,
Acarretam os frutos desejados,
Talvez, por devoção, tão sublimados.

40. Sabendo de ser douto e virtuoso,
A Preguiça começa a urdir planos,
Tão bons, que lançariam o animoso
Tão fundo, entregue a tratos desumanos.
Vive do ócio do tal preguiçoso,
Acorrentado por tantos enganos,
Ouvindo a melodia desprezível,
Mirando, inerte, acção bem produtível.

41. Barco ancorado, não cede a tais vagas,
Ululantes, que lhe pedem acção,
Dos remos que jamais virão em sagas,
Do leme que leva em má direcção.
Haste de emblema cheio dessas chagas,
Invisíveis, mas da dor, a razão,
Origina, no fim, padecimento,
Minando, por isso, o Conhecimento.

42. Daninha à existência humana,
Hábil, essa indolência conquista,
Rapace, a mente dúbia e profana,
Imbuída de crença comodista.
Toda a libertação supramundana,
'Inda que emanada do absolutista,
Obducto, ela é nutrida por constante
Mobilização, de modo abdicante.

43. Molestado se achava por fadiga,
Ângelo, que julgou melhor parar.
Havia atravessado alas de urtiga,
Abstraindo-se desse maltratar.
Tendo parado, viu longe um auriga,
Mirando o coche vil, por consertar.
Apercebendo sérios perigos,
Ninfa tal, Kafziel surge em abrigos:

44. - Vês essa nuvem negra e consistente,
Essa nuvem que o teu agir impede?
Dela liberta os membros, insistente,
Actuando movido por grã sede.
Vês esta ordem que guia o presente,
Esta ordem que antecede mas sucede?
Dela extrai a fiada dos teus actos,
Aqueles que se tornam rarefactos.

45. Vê ajuda quem calmo aos céus a clama,
Impregnado de amor e grande crença.
Vale, depois, esta angélica, alva chama,
Enviada, veloz, pela Presença.
Cada flor, cada bicho que alegre, ama,
Ama, em verdade, ele ama a Benquerença.
Onde está uma pedra, mera e densa,
Mora um cristal de luz bela e intensa.

46. Caminhando na senda do cocheiro,
Acercando-se, mais tarde, indagou:
- Infeliz, como está seu coche inteiro!
Vejo que o sortilégio o achou.
- Apanhou-me, assim, tal qual um cordeiro.
Levava eu os cavalos quando entrou,
Intenso e lesto, em mim, grande torpor,
Atirando-me às pedras sem pudor.

47. - Bem, tudo tem emenda e solução,
Haja um erro, nem que ele abismal seja.
Amnistiante deve ser a acção,
Gestante do produto que esta almeja,
Abstendo-se de toda a comoção,
Válvula fatal que a mente corteja.
Ajudou-o, sem ócio e apego,
Dando, Ângelo, seus passos com sossego.

Canto V

48. Tomando o rumo de setentrião,
Apossou-se de rédeas leais,
Movido por longínquo clarão,
Alperce de polpa e tez magistrais.
Sempre que cogitar, sem ilusão,
Saiba que, na verdade, os ideais
Atingem o alvo, na morte ou em vida,
Tanto, quanto maior for a fé tida.

49. Realmente, por terras deste mundo,
Aquele que deseja, ardentemente,
Junto será com tudo que, profundo,
Almejou, melancólico ou contente.
Só o que largou em buraco fundo,
Toda imaginação, fruto do ardente,
Alentado por algo exterior,
Tenta a beatitude interior.

50. Salva-se do tormento e sofrimento,
Albergado por este céu inculto,
Todo aquele que do seu alimento,
Temível, se liberta sem tumulto.
Virado para seu fogo com tento,
Ardendo onde reside o nobre indulto,
Opta por fleuma do seu coração,
Mental apagado em escuridão.

51. Bela é a escuridão, tão flamejante,
Uberada por mente e corpo sãos.
Dentro do oculto vive o ocupante,
De tudo o que podemos ter em mãos,
Hediondo ou bonito mas brilhante.
Inconscientes, nós somos irmãos,
Oriundos da Vida que dá vida,
Manancial da vida em Si contida.

52. Debaixo deste céu permanecia,
Hilota, o corpo de Ângelo, grosseiro.
Retendo as consequências, fazia,
Instigado, de causas, grande outeiro.
Toda esta criação sempre se guia,
Imóvel, por um rumo e seu parceiro:
Onde está o mais segue-o o menos.
Mas, feliz quem vê Um nestes terrenos.

53. Minado pelos sérios preceitos,
Antigos, já descritos nestes versos,
Habitava pacífico, sem pleitos,
A alma destituída dos inversos.
Tivera jejuado com proveitos,
Mas iria comer sem tais perversos.
Avistou, precisa hora, bom banquete,
Narrando Rafael com clarinete:

54. - Vês estes raros frutos e iguarias,
Estes doces gostosos e formosos?
Deles livra avidez, quando a terias,
Afastando-te dos grandes gulosos.
Vês este pão real que adorarias,
Este pão do rol dos deliciosos?
De outros pobres provém-te quanto baste,
Albergando bandeira em meio de haste.

55. Vendo o âmago desse Universal,
Inserido na voz e nesta imagem,
Velada ao plano deste pantanal,
Ergueu-se o anjo para alta paragem.
Cada qual achará no Santo Gral,
A seu tempo, com a sua bagagem,
O Mestre, o Anjo, a Voz, em Santo instante,
Motivado p'la Força, a incessante.

56. Continuou trajecto recto e brando,
Absorto e apartado qual abstémio.
Ingressou por viela oposta, estando
Visivelmente alegre, pelo grémio
Alado que atingia, O admirando.
Lá, tudo era e não era, p'ra seu prémio!
Invocando tais sílabas sagradas,
Ádito achava, por duras estradas.

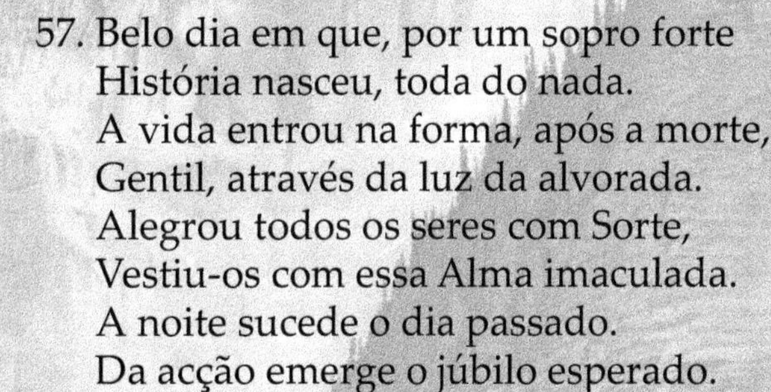

57. Belo dia em que, por um sopro forte
História nasceu, toda do nada.
A vida entrou na forma, após a morte,
Gentil, através da luz da alvorada.
Alegrou todos os seres com Sorte,
Vestiu-os com essa Alma imaculada.
A noite sucede o dia passado.
Da acção emerge o júbilo esperado.

Canto VI

58. Tendo alcançado uma árvore frondosa,
Apeteceu sentar corpo cansado.
Mirava a messe, à sombra saborosa,
Alguma herdade dum senhor honrado.
Sentia a brisa, tão doce e mimosa.
Sentia o solo, tão fresco e cerrado.
As cantigas de pássaros contentes,
Trespassavam os ares adjacentes.

59. Revoltado, chegou-se um segador:
\- Assim não há quem queira trabalhar.
Já o sol é aprumado, e que calor
Abrasa estas searas por ceifar.
Só que não tenho mais outro labor,
Taburno maior, p'ra poder libar.
A minha vida trouxe triste sorte,
Tanta amargura que perdi o norte.

60. Suporto o irascível e insensível
Ânimo de senhor dominador,
Tutor da crueldade, assim temível,
Túmido do seu ar assustador.
Vivo uma condição inadmissível
Avassalado por grave temor.
Ódio e malquerença são surgidos,
Males que quero de mim bem sumidos.

61. Bem a esta colossal perversidade
Ufana, não se pode desejar.
De águas turvas, com tanta sujidade,
De terras secas, todas por lavrar,
Hora alguma virá terna amizade?
Interior maligno sem amar,
Obterá para sempre só desgraça,
Mesmo que se dissipe esta fumaça.

62. - Donde deriva tanta e tão cega ira?
Haverá alguém dessa tenção digno?
Raro aquele que sabe a grã safira,
Incrustada no espírito do indigno.
Tudo é um e Um é tudo, se refira.
Infeliz quem se pensa o mais benigno,
Ou mais maligno pois, em ignorância
Mergulhou, graças à sua importância.

63. Mirado foi este homem, pelo guarda,
Adicto ao detentor daquele chão.
Harto levou-o, com distinta farda,
Açoitando o coitado sem razão.
Trabalhar sem ter força cada jarda,
Mandavam os senhores da inacção.
Ângelo reparava nisso, quando,
Nimbado Sammael surge afirmando:

64. - Vês a injustiça, o erro, o que induz
Essa sensação de ira e de revolta?
Dessa teu coração, na luz, abduz,
Amando toda a alma p'la Alma envolta.
Vês O que não se vê mas que transluz,
Esse que não se sente mas que escolta?
Da Sua luz guarnece-te, sem pejo.
Aflora, assim, Justiça neste brejo.

65. Viveu mais um momento precioso,
Ilustrado p'la Guarda Divinal.
Viveu cumprindo o dever, animoso,
E ciente da Graça original.
Cada instante, cessante mas moroso,
Alimentado por crença eternal,
Ordem no caos humano propicia,
Mostrando esse Celeste que agracia.

66. Como o sal dissolvido não é visto,
Assim, também, o Espírito Paterno.
Incumbido é o ser livre e benquisto,
Vitória, levar, sobre o externo.
Atingindo o sentido, aquele anisto,
Ligado ao Estagnado e Sempiterno,
Igual ao sabor que percebe o sal,
Aprende o Seu aspecto natural.

67. Bonito é ao que vários caminhos,
Harmónicos e análogos conduzem.
Arquitectados sobre uns azevinhos,
Gigantes, poucos homens introduzem.
A gema que não sofre úteis alinhos,
Vacila em sua cor, cristais não luzem.
A excelência nata é fim e início,
Distinto lapidar, o nobre ofício.

Canto VII

68. Parado e encostado nesse tronco,
Unipolar, só, na polaridade,
Rarefazia seu plano mais bronco,
Untado, todo, por serenidade.
Surgia, ainda, com erguido monco,
Havia tempo, o plano da maldade.
Apareceu, então, enorme espelho,
Aclarando uma vida, sem parelho.

69. Retratava, perfeito, o tempo triste,
Tamanha cerração, muita ilusão.
Habitado por medo, que despiste,
Andava confiado a torpe mão.
Sinal luzente surge, então, em riste.
Heliófilo, absorve a alusão.
Ultrapassando seis graves barreiras,
Nega, depois, deleite em albufeiras.

70. Inicia a jornada, com mui brio,
Abandonado, por si, para si.
Nem muitas tentações ou um andrio,
Acerbaram acções suas, aqui.
Mostrava, de igual modo, o alvedrio
Glorioso, tal qual o de um faqui
Ufano, aquele enorme reflector,
Nada, enfim, com vestígio de dor.

71. Assim, desfigurava ele a verdade,
Nua, tencionando por tal rumo,
Acender, farta, em Ângelo a vaidade,
Móbil do seu possível desarrumo.
Parando a analepse, a falsidade,
Rindo, o espelho disse com aprumo:
- As proezas alcanças, destemido.
Te seja o ceptro, pois, oferecido.

72. - Imaginas, a fama, o importante.
Só soberba de ser glorificado,
Alimenta tua fome abrasante,
Vinculada ao efémero abalado.
Algoz a vida é para seu pensante,
Herege, que crê ter, aqui, achado,
Coisas que trazem a felicidade,
As que causam, ao invés, calamidade.

73. Insaciável, o homem quer achar,
Vida eterna no mundo exterior.
Almeja tanto, tanto, sem findar,
Levando o vento, então, fruto sem cor.
Inclina o rosto teu, sem abalar,
Ante o misterioso e ablutor,
Morador do teu mar límpido e fundo.
Sem duvidar, atira-te, fecundo.

74. Vendo o que se passou, fez Zadkiel
Apagar-se o espelho, num instante.
Raro momento em que, sempre fiel,
Ultrapassou a imagem emanante,
Patenteada por fino cordel.
Ora, cumpriu seu ónus adjuvante,
Partindo, ágil, para outras simples bandas,
Raiando o firmamento por demandas.

75. Ângelo perscrutava, alumiado,
Todo o mar, oceano de bonança,
Imbuído no vago, no alto estado,
Singrando, abarrotado de esperança.
Haverá algo p'ra lá desse lado?
Tudo o que vemos, tudo em abastança,
Atado ao nada. Bela melodia!
Ver infinito, que não vê de dia.

76. Amparo colossal do indefinido,
Cingido na matéria e no oposto,
Inalterável, mora, não nascido,
Teia de essencial rede, sem rosto.
Tirada dessa teia, Ângelo haurido,
Içou e trepou, ao sem fim disposto.
Subiu subida, que subida assim,
Hábil, conduz ao último patim.

77. A orla do burgo de tamanho gelo
Calha, aguardante, nessa doca aberta,
Tida p'lo coração, sem nosso apelo,
Infinda e bela mas por nós coberta.
Reintegrado, sem qualquer anelo,
Inserido em razão, na mais certa,
Tal Ângelo outro, Esse aurificado,
Invade-nos, p'ra sempre, meu Amado!

Secção 3

Vigílio:

1. E assim chega ao fim, desta criação mui grande epopeia,
Servindo o que serve, causando um motim, quiçá apneia.

Ramiro:

2. Mas para quê trabalho, tamanho esforço e dedicação,
Ante algo que, qual carvalho, já está na palma da mão?

Vigílio:

3. Ganhas tudo e por tal, nada mais tens p'ra poder conquistar.
Nunca porém de escolher bem ou mal se te pode privar.

Ramiro:

4. Mesmo sabendo saber, infeliz me persisto em achar,
Feliz me quero enfim compreender; como o alcançar?

Vigílio:

5. Intrincado parece, o que de intrincável nada tem.
O óbvio acontece, seja com muito esforço ou dele sem.

6. Olha o que o teu olhar pretende da invicta realidade,
Mas não te deixes perder do que é criar, a verdade.

Capítulo III

Secção 1

1. O Ramiro, ainda adormecido pela entropia,
   Atrasava a vinda, mantinha a sua chama fugidia.

   Ramiro:

2. Magia não consigo extrair, das palavras usadas,
   E nem vislumbre dessoutro porvir, proclamado por fadas.

   Vigílio:

3. 'Inda que te aches longe do que imaginas que possas ser,
   Mesmo que sejas monge, a jogar xadrez te deves manter.
4. A alvorada do dia do esperado descobrimento
   Distinta ambrosia, só nasce quando nela tiveres tento.
5. Surge a necessidade, a obrigação, em fantasia,
   Raia de Sotero, a salvação, que Octávolo dizia:

Secção 2

Sotero:

1. O que é, na verdade, o ser real
   Não é possível ser apreendido.
   Só se chega, além do pantanal,
   Largando-lhe o que nos é merecido.
   Estas palavras não querendo tal,
   Removem o inútil ao esquecido.

2. Não te fatigues a tentar julgar
   Estas palavras soltas, sem intento.
   Não julgues, não há nada p'ra tratar.
   Só a certeza de vir o momento,
   Em que não haverá erro a contar,
   Nem tempo ou lugar, nem algo sedento.

3. Ideias gerais, soltas, irreais
   Tentam ajudar o processo mor,
   Esse que deixa as coisas letais
   P'ra a verdade real e eterna expor.
   Não traduzem o que existe mais,
   Mas são, simples, real e infindo amor.

4. Tudo o que separado é, não existe,
Pois tudo o que existe é unificado.
Assim este mundo é um sonho triste,
De um prazer sofrido e malogrado.
Pede ao ser real, pois, sem despiste,
O que tem para te dar de bom grado.

5. Nada do que se possa vir a ter
É pertença de quem se quer que seja.
Nada se tem enquanto ser quiser
Alguém que sempre quer e nunca almeja.
O que sente real, o real ser,
Partilha, pois tudo é, nada deseja.

6. A escuridão não pode esconder nada,
E nada, em ninguém, se pode esconder.
Não tem propriedade, esta espada,
Que possa ameaçar o real ser.
É simples falta de luz, condenada,
Como o pecado por amor não ter.

7. Ninguém é capaz de se destruir,
Pois só o criador tem tal poder.
Como pode o criado inferir,
Sobre se destruir, se conhecer
Não consegue mais, que como encobrir
Quem, sem ilusões, mostra o real ser.

8. A necessidade é uma ilusão
De quem se pensa, findo e parcial.
Permanece na triste solidão,
Esse que não perdoa qualquer mal.
Basta com olhos ver, sem aversão,
Não o homem, mas quem nele é real.

9. O pensamento de se crer real
Não deve suscitar fulgor algum.
Infeliz quem se pensa em pedestal,
Não percebeu, ainda, que ser nenhum
Pode ser o maior. Tudo é igual.
O ser real não é dois mas todo um.

10. Vários sãos os nomes e os meios,
Que o ser real tentam representar.
Várias sãos as línguas, bloqueios,
Que o impedem de se manifestar.
Qualquer que seja, não haja receios:
Não interessa o meio, mas voltar.

11. O amor eterno existe? Porque não?
Porque se nega a sua existência?
Pois como conhecer pode, então,
O efémero, o eterno em sua essência?
Só o concebe quem crê na visão,
A que ao ser real pede por clemência.

12. O medo surge em quem, por ignorância,
Pensa atacar poder o que o ataca.
Nada pode temer, nem por instância,
Quem não precisa defender de faca,
O que realmente é, sem discrepância:
O ser real, que sendo, tudo aplaca.

13. As pessoas que se vê neste mundo
São as que vivem o mesmo sonho.
Vêem ambas segundo plano imundo,
Não deixam de ver o que é medonho.
Percebe, pois, no que vês, bem no fundo,
Quem na realidade está, risonho.

14. Resta, então, a entrega paternal,
De quem confia, mesmo nada vendo.
Não vê pois pensa que vê, vendo mal,
Mas descuida visão que vai sofrendo.
Deixa que, confiando, essoutra tal
Permita ver real, permanecendo.

15. Alegra-te, enfim. És sem pecado.
Nada macula ou tinge o ser real.
Tu nada és senão ele, o citado,
Então, nada ou ninguém te fará mal.
Nem mesmo o teu pensamento irado,
Nem mesmo o que se pensa infernal.

16. Só tomarás tento nisto enfim,
Quando o corpo te não achares mais.
O instrumento nem feito de cetim
Vale por si mas pelo penetrais.
Coisa tal, mesmo efémera ou afim
Só óbice é, se vista assim demais.

17. Permaneces no mundo imaginado
Pois te foi dado arbítrio liberto.
É firme em ti, o ânimo ignorado
De viver ao sabor do lado incerto.
É enorme o apego malogrado
Ao que se quer tomar por encoberto

18. Ninguém é detentor da grã verdade,
Pois nada se possui, antes se vive.
Vive-se, partilhando com vontade
A intuição que passa qual declive;
Vive-se, procurando afinidade
Na barca interna de mui nobre brive.

19. Se te move a vontade de unidade
Abdica do desejo pessoal.
Ajudando em real humanidade,
Caminhas para te seres leal.
Para todos os outros, na verdade
És o que eles são para ti: real.

20. Certo será o dia, que o é já,
Em que todos serão quem é real.
Enche a convicção deste alvará,
Pedindo que ergas esse ser sem mal.
Confia em quem, não se vendo por cá,
Te guia, certo, pelo rumo tal.

21. A maior loucura é a de pensar
Que pensar sobre vida é solução.
Pensar é um poder capaz de atar
Mas também de levar à libertação.
Pensar é meio, não meta a cortar
Pelo que pensa com moderação.

22. Mundo de rol de extremos tão bem feito
Padece por viver sem temperança.
Cultiva o não excesso nem defeito,
Pois te guias em bem-aventurança.
Nesse estado persiste, satisfeito,
Pois bem no meio está o sem mudança.

23. Surge, mundana, teia de conflitos
Assomam medos, dédalos obscuros.
Surgem, pois se acredita em críveis mitos,
Se supõe rodeado por tais muros.
Contemplai o temor, quando aflitos,
E regozijai por serdes maduros.

24. Contemplar é deixar que, ilimitado,
O ser real em nós, se espalhe, enfim,
Imóvel e uno, pelo contemplado,
Embebendo-nos nesse elo sem fim.
É libertar as correntes deste prado
Que sustêm a ilusão de ver jasmim.

25. Vivendo pertinaz e contemplando,
Superarás a vida de aparência.
Vivendo desapegado e cantando,
Serás ajudado em tua existência.
Cantando feliz, o presente amando,
Nada te falta. És tudo em essência!

26. Contudo com o fim não te inquietes
Pois todo o engano ou logro é findável.
O eterno o é, mesmo se o remetes
Consciente, p'ra longe, inexorável.
Quando o jogo acabar, nada cometes.
Existes, simples, em quem é amável.

27. Inicia-se, agora, uma jornada,
Jornada feita de todos os dias,
Dias dessa atitude concertada
De calmaria activa, que desvias.
Um início, um fim e uma estrada,
Unidos num só, que desafias.

28. Quando semente forte e resistente
Encontra o solo fértil e aberto,
Sofrendo com o clima da mente,
Nascer se deixará, sendo o que é certo.
E, nascendo da calma, florescente,
Pôr-te-á frente a ti, a descoberto.

29. Uma taça barroca, de água farta,
Parecendo gentil, mais não comporta.
A aprendizagem as contas ensarta,
Em colar que em vindouro dia aborta.
Só o que nada tem e tudo aparta,
Pode fartar-se e, vazio, aporta.

30. Humilde é todo o que se reconhece
Em cada esquina, sem qualquer defesa,
O vadio, ou o douto que esclarece,
Partilhando o saber, subtil clareza.
Sabe-se parte igual, que amanhece
Cada dia mais perto da nobreza.

31. Aceita, de bom grado, o teu passado,
Essas incongruências do peito,
E tudo quanto te tem magoado,
Por seres aquilo que és, ao teu jeito.
Aceita-te, p'ra por ti ser purgado,
Esse que tu pareces, imperfeito.

32. Confia no poder que em ti existe,
Nos princípios da santa inocência,
Que, não cientes, sem despiste,
Levam no rumo da real ciência.
Mantém-te fiel ao que coloriste,
Perseguindo a sua luminescência.

33. Acalma. Deixa de ver teorias,
Donde esperas tirar uma p'ra vida.
Olha! Repara nessas minorias,
Que, ávidas, pedem a tua mão despida.
Com bondade p'ra dar, sem regalias
Ensinas a verdade, a perseguida.

34. Sentindo a união, a igualdade,
Que, reais, regem cada elemento
Não julgarás ninguém mais, nem maldade,
Não verás o que vê mente sem tento.
Tudo segue feliz conformidade
Por cima do capaz e mor sustento.

35. Quem só vê o que os olhos lhe oferecem,
Quem só ouve o que lhe dão os ouvidos,
Segue no caminho desses que padecem,
Por não confiar nos meios queridos.
Neste mundo, eclipses escurecem,
As verdades, dos olhos escondidas.

36. Tudo gira em enorme agitação,
Tudo se altera, tudo se transforma.
Ergue-se o mundo em grande turbilhão,
Aos olhos subjugados a essa norma.
Cultiva, pois , a paz, a cessação,
Indiferente ao plano desta forma.

37. Desperta, enfim, a tua consciência
P'ra tudo que ninguém vê, ouve ou sente.
Em silêncio ouve a transcendência,
Ou observa, no escuro, quem não mente.
A harmonia é o pão da existência,
Inerente à vida do presente.

38. A atenção, que alerta p'ra bem vermos
Parte, qual seta, certa e destemida,
No encalço do que, em nobres ermos,
Se encontra só, sem água esclarecida.
Essa seta que leva, por querermos,
A água sublime que enche e é retida.

39. Seguro segue quem, firme e sereno,
Percebe na palavra, a beleza,
P'ra poder proferir, claro e ameno,
Para que, ao soletrar, cresça firmeza.
Resoluto vai, em campo de feno,
Sustentando o calor, dando clareza.

40. Vai num caminho pálido, sem medo.
Vai sem destino, continuando a acção,
Essa que cansa, pelo seu enredo,
Mas que alivia de pesos sobre a mão.
Diz alto, sempre crédulo, "não cedo",
Continuando, com ou sem monção.

41. Pensas compreender todo o sentido,
Julgas merecer a vida real.
Nada em ti é p'ra ser compreendido,
Nem, a merecer, há nada por tal.
Paciência traz em ti, florido,
Pois guardas, por nascer, peça floral.

42. Desejos e apegos tomam rédeas,
As que nos prendem ao padecimento.
Levam a actuar tal qual em comédias,
Diminuem a força do alimento.
Com lucidez, entrega e calma médias,
Transcendem a barreira, num momento.

43. Surgem insanas dúvidas, então,
Por se pensar pensando e não agindo.
Cresce, veloz, a grande confusão,
De sentir a incerteza emergindo.
Logo verás a porta "compaixão",
O instinto universal que vem sorrindo.

44. Singelo, segue o rio devagar,
Sem pensar se encontra algum porto.
Vai, simples, com a água a aumentar.
Vai, livre, nem que por rumo torto.
Sê, simples e singelo, para o mar
Por encontrar achares, sem aborto.

45. A vida é um serviço divinal
Dás, recebes, dás mais e mais recebes:
Nada mais há de tão original.
Vive pois o que, bem, sempre percebes,
Vivendo consciente coisa tal,
Sem nada apartar erguendo sebes.

46. Nesse modo de paz, firme servindo
Achará alguém em ti seu exemplo
E seguirá enfim, assim agindo
Para o único e divino templo.
Aí todo o seu ser vai investindo
Até que um dia diz: "enfim, contemplo".

47. Mas a caminhada é extenuante,
Carregada de hora intrincada.
Então, quando é difícil ir avante
Retira, lesto, os óbices da estrada.
Tendo disso os efeitos bem distante,
Crê na certa e nova madrugada.

48. Todos partilham a mesma essência,
Ninguém 'stá só ou é independente.
Faz crescer em ti essa congruência,
Aí está a alegria reluzente.
Em cada relação, cada existência,
Está, consciente, o teu real ente.

49. A vida necessita de alimento,
Isso é da sua interna natureza.
Daquilo que tu estás sempre sedento,
Provém o que é a tua certeza.
Retorna mais subtil o teu sustento,
E conhecerás a real clareza.

50. Quem reconhece em si a harmonia
Aquele que percebe Quem existe
Sabe que nada há, só alegria,
Sabe que nada nem ninguém é triste,
Que tudo está em hábil sintonia
Tudo sem que alguém (algo) se despiste.

51. É enorme a força que contigo trazes
Feita de ti p'ra por ti descobrir.
Imagina agora quão grande fazes
A que duma união pode sair.
Cooperai que vós sois grandes ases
Que anseiam, o que foram, atingir.

52. Não penses só, seguir o teu caminho,
Fazem todos, do mesmo barco, parte.
Se tudo é uno, tudo em alinho
Nada há de real que se aparte
Todos trabalham p'ra voltar ao ninho
Que os albergará, qual grão baluarte.

53. A vida só existe onde há mudança.
Essa é a riqueza deste mundo.
Redescobrir em tempo de andança
Quem permanece hirto no profundo.
Escutar no silêncio a 'sperança,
De saber donde se é oriundo.

54. Nota a transformação com alegria
Sabendo-a um meio e não o fim.
Só te poderás conhecer, um dia
Conhecendo do que não és afim.
Esse é o milagre desta nobre via
Perceber um calhau feito marfim.

55. Quando o mundo te volta suas costas
Quando as adversidades são enormes
E logo no caminho teu são postas,
Não negues o que és, não te deformes.
A ira e a tristeza são propostas.
Que seja rir a opção que, no fim, tomes.

56. Os escrúpulos são medo de agir
Temor de represália, vergonha,
Tudo que de errado pode vir,
Do meio social com que se sonha.
Espontâneo age a sentir
O real na obra boa ou na medonha

57. No entanto mantém a vigilância
Quando o torpor ou a ânsia tomar,
A rédea de maior preponderância.
A vida é perceber que a vigiar
Nada há, nem em última instância,
Ou que vígil se é sem descansar.

58. Tentações e perigos aparecem,
E céleres perecem, pois a sua mão
Não ata coração que os esquecem.
Só se esfuma o apego ou distracção
Quando a sua malha já não tecem,
'stando centrados na maior paixão.

59. E assim muitos dias, meses, anos,
Vidas atrás de vidas, (e)ternamente.
A vida é sempiterna, sem abanos.
A vida está além da nossa mente.
O que da vida pensas em teus planos,
É parte ínfima do infinitamente.

60. O mestre sabe que em dualidade
Existem três e não dois, em verdade:
Os pólos e a força de mediunidade.
Não escolhe nem a comodidade,
Nem a insatisfação ou tempestade.
Opta moderação, felicidade.

61. A vontade real move montanhas.
Contudo com desejo há confusão.
Desejo é apego e outras manhas.
Vontade é crer que é imensidão,
É optar por viver coisas tamanhas
Fazer do agora, do futuro razão.

62. Agradece ao que tu és realmente
A força que te dá p'ra te viveres.
Não peças, agradece gentilmente.
Pedir é de ti mesmo te esqueceres,
É achares teu ser real demente,
Pensar que de algo te falta proveres.

63. Sê, simples, uma luz na escuridão.
Uma ausência de cor abençoada,
Que permite, do que és, a visão.
Nunca a condenes, a estimada,
Pois nada do que existe o é em vão.
Tu és tudo, vela áspide ou alada.

64. Tu já sabes o que há a saber,
Só precisas de agir disso sabendo.
Na pior hora do reconhecer,
Está um triunfo, o mais estupendo.
Lembra, tu que foste e vais ora ser,
Exactamente, o que estás sendo.

65. A vida é o que tu fazes dela,
Do que pensas e do que imaginas.
Não te podes queixar se estás em cela
Porque pela clausura te fascinas.
É a tua vontade que te atrela.
"Pára de ler" - diz ela, e tu assinas.

66. Não condenes o que está escrito,
Pois condenas o que tu és, real.
Não julgues nem sequer um mero mito,
Pois te tornarás nisso, bem ou mal.
Contempla, apaixonado e erudito,
Mesmo o que não parece divinal.

67. Passado e futuro são, agora,
Edifícios do tempo e do espaço,
Que fazem esquecer o que outrora
Da consciência ditava o passo.
Percorremos o tempo todo fora,
Para no espaço andar um metro casso.

68. Contradições na mente em nós afloram,
Por não se perceber dicotomia.
Sobre o primordial também moram,
Quando a energia se diferencia,
Os que, p'lo livre arbítrio seu, coram
Para conhecer a luz, a alegria.

69. As possibilidades do universo,
São do tamanho que ele mesmo tem.
O que se mostra enorme no anverso
É uma parte do que O sustém.
Ele se encontra p'lo que vive disperso,
Conhecendo-se p'lo seu próprio bem.

70. Por tudo isto vive no presente,
Porque só o presente é real.
Vive sendo de Ti abrangente,
Conhecendo quem És no bem e mal.
Vive sendo uma luz reluzente,
Da energia que te dá o aval.

71. Aceita os desafios do eterno,
Que te atrai para o que és no real.
Vive no fio da navalha, terno,
Sentindo o teu processo no total.
Imana a alegria do eviterno,
Que sendo simples, te é natural.

72. Reduz a actividade cerebral,
A agitação que o ser real sufoca.
É óbice nutrido por jogral,
Feito de nada, de matéria oca.
Concentra a atenção, tem-te integral
P'ra que possas entrar na tua doca.

73. Vive de sentimentos, não de termos,
Porquanto é real a subtileza.
E desses sentimentos de teus ermos,
Solidifica o verbo com firmeza.
Porque perceberão, mesmo os enfermos
Donde provém, do verbo, a beleza.

74. Mesmo esquecendo o que te foi dito
Enfrenta a vida sem medo, só sendo,
O mais sublime de ti como fito,
Ciente de um processo em crescendo.
Decresce teu estado de conflito,
És o que sempre foste, estupendo.

75. Se faltam as palavras, aguarelas,
Cessa a necessidade de falar.
Estás no caminho, sem quaisquer cancelas,
Brota em ti a vontade de abalar.
Vai, que para Ti segues sem sequelas.
Que saudade tinha de em Ti estar!

76. A vida continua, segue feliz,
Nada mais há dizer, a realizar.
Mas tanta lousa, tanto pau de giz,
Mas tanta gente, tanto para amar.
Entrego o trabalho a quem condiz,
Certo que não se precisa aprumar.

77. A vida continua, segue feliz,
Nada mais há dizer, a realizar.
As opções infinitas da raiz,
A liberdade p'ra, por uma, optar.
Um novo ciclo nasce em chafariz,
Pela força da escolha, pelo amar.

78. O que é, na verdade, o ser real
Não é possível ser apreendido.
Só se chega, além do pantanal,
Largando-lhe o que nos é merecido.
Estas palavras não querendo tal,
Removem o inútil ao esquecido.

79. Não te fatigues a tentar julgar
Estas palavras soltas, sem intento.
Não julgues, não há nada p'ra tratar.
Só a certeza de vir o momento,
Em que não haverá erro a contar,
Nem tempo ou lugar, nem algo sedento.

80. Ideias gerais, soltas, irreais
Tentam ajudar o processo mor,
Esse que deixa as coisas letais
P'ra a verdade real e eterna expor.
Não traduzem o que existe mais,
Mas são, simples, real e infindo amor.

81. Tudo o que separado é, não existe,
Pois tudo o que existe é unificado.
Assim este mundo é um sonho triste,
De um prazer sofrido e malogrado.
Pede ao ser real, pois, sem despiste,
O que tem para te dar de bom grado.

82. Nada do que se possa vir a ter
É pertença de quem se quer que seja.
Nada se tem enquanto ser quiser
Alguém que sempre quer e nunca almeja.
O que sente real, o real ser,
Partilha, pois tudo é, nada deseja.

83. A escuridão não pode esconder nada,
E nada, em ninguém, se pode esconder.
Não tem propriedade, esta espada,
Que possa ameaçar o real ser.
É simples falta de luz, condenada,
Como o pecado por amor não ter.

84. Ninguém é capaz de se destruir,
Pois só o criador tem tal poder.
Como pode o criado inferir,
Sobre se destruir, se conhecer
Não consegue mais, que como encobrir
Quem, sem ilusões, mostra o real ser.

85. A necessidade é uma ilusão
De quem se pensa, findo e parcial.
Permanece na triste solidão,
Esse que não perdoa qualquer mal.
Basta com olhos ver, sem aversão,
Não o homem, mas quem nele é real.

86. O pensamento de se crer real
Não deve suscitar fulgor algum.
Infeliz quem se pensa em pedestal,
Não percebeu, ainda, que ser nenhum
Pode ser o maior. Tudo é igual.
O ser real não é dois mas todo um.

87. Vários são os nomes e os meios,
Que o ser real tentam representar.
Várias são as línguas, bloqueios,
Que o impedem de se manifestar.
Qualquer que seja, não haja receios:
Não interessa o meio, mas voltar.

88. O amor eterno é o que existe, então.
Apenas existe a sua existência.
O efémero, do que existe, ilusão
O eterno da existência, a essência.
Sou contigo, És comigo, eles O são,
O que somos, na nossa ego-ausência.

Secção 3

Vigílio:

1. A vida é o poder, que permite perceber a grandeza,
   Pois, com tanto sofrer, só ela transparece beleza.
2. Chega então um novo ciclo, um novo começo, a bonança.
   Tudo muda p'la glória sem preço, excepto a mudança.
3. Ora Ramiro, agora Renato, seguiu a sua vida,
   Mostrando a quem estivesse em hora, a verdade nele contida.
4. Toda a via escolhida, deve ser seguida vida afora,
   Aumentando assim a força pretendida, com ou sem demora.
5. Tece óbice à expansão da mente, desta maneira,
   Sal que turva a energia corrente, conduz à asneira.
6. Ascende então, pelo monte acima, à moleira, a serpente.
   Tudo se vê, seja longe ou à beira; tudo, o mesmo ente.

Epílogo

Cresce em mim, em ti, todos os que somos
E destes, a feliz contemplação,
De sermos, de grande obra, nobres tomos
Que, pouco a pouco, se escreve à mão.

Do escrever não fica o que fomos,
Apenas o que mora o coração,
Assim como no que vero compomos
Não se distingue a luz da escuridão.

P'ra quê pensar no ter e no fazer,
Se, para os haver realidade,
Há que simplesmente acontecer ser.

Sê em humilde e só felicidade,
Se bom ou mau o que aparecer;
Fazes, tens e escolhes: lealdade.

Espero que tenha gostado do livro e lhe peça para tirar um momento para fazer uma breve resenha no seu site de varejo preferido, ou enviá-la para a editora.

Obrigado de antemão, João Marcos Correia Moura.

Detalhe da imagem

Kinkate de Pixabay, páginas: 6 - 11.

Domínio público, páginas: 14 - 15 & 30 - 31.

Alexis Srsa, páginas: 16 - 17.

12019 de Pixabay, páginas: 12 - 13, 18 - 29 & 32 - 47.

Larisa Koshkina de Pixabay, páginas: 48 - 59 & 70 - 71.

PIRO4D de Pixabay, páginas: 60 - 61.

LUM3N de Pixabay, páginas: 62 - 63.

Pexels de Pixabay, páginas: 64 - 65.

Moinzon de Pixabay, páginas: 66 - 69 & 72 - 73.

www.ingramcontent.com/pod-product-compliance
Ingram Content Group UK Ltd.
Pitfield, Milton Keynes, MK11 3LW, UK
UKHW060334310726
14060UKWH00019BA/643

9 788792 980885